你的荷尔蒙也是如此。

睾丸激素不利于优化健康，研究表明，低睾丸激素与肥胖、疾病风险增加、精力不足甚至过早死亡之间存在联系。

健康的睾丸激素水平对男性和女性都很重要，会使获得优质肌肉，或修剪身体脂肪更容易。

本书还将教给你关于正确的植物性营养的一切知识，并涵盖了积极生活方式的免费素食补充剂。其中包括易于储存的高蛋白食谱，可促进睾丸激素的产生。

本指南中的信息并不局限于以植物为基础的运动员，它对任何想要了解基本（以植物为基础）营养原则和烹饪美味、健康的全食物食谱的人都非常有益。它对任何想了解基本（以植物为基础的）营养原则和烹饪美味、健康的全食物食谱以帮助达到最佳健康状态的人非常有益。

目录

植物性

健美营养指南

锻炼肌肉和提高睾固酮 素食主义者

作者 : *Jules Neumann*

介紹

最有可能的是，你正在寻找提高你的力量，增强肌肉，增加你的耐力，或修剪身体脂肪。最佳的营养和荷尔蒙水平加上充足的睡眠和持续的锻炼是您成功的关键。

如果你不能为你的身体提供健身目标所需的营养和热量，你将永远无法达到你的全部潜力。

在这个时候，你需要的可能不仅仅是卡路里，你需要的是均衡的饮食，以保证有足够的能量来满足你运动前的基本日常活动，再加上运动所需的营养物质，保证肌肉的表现、恢复和生长。

植物性饮食提供的食物选择比一般杂食者甚至素食者可供选择的食物要少。当涉及到瘦蛋白来源时，这一点尤其如此。教育是你作为素食运动员、植物性健身鼠或任何适合你的标签所能做的最好投资。

选择正确的食物和膳食可能是一个挑战，但本书将使你非常容易。

<u>聲明</u>

本报告中提供的食谱仅供参考，并不打算提供饮食建议。在改变饮食习惯之前，应先咨询医生的意见。此外，食谱中的烹饪时间可能需要根据电器的年龄和质量进行调整。强烈建议读者采取一切预防措施，确保食材完全煮熟，以避免食物传播病毒的危险。本书中提供的食谱和建议仅代表作者的观点。对于因遵循本书提供的指导而可能导致的任何后果，作者和出版商不承担任何责任。

以植物为基础的运动员

运动员进行剧烈的、有规律的力量或耐力训练，目的是随着时间的推移，不断改善自己的状态和表现。锻炼后应进行一段时间的恢复，并辅以营养，以保证进步。

以植物性饮食为肌肉补充燃料并不一定要很难。一个以植物为动力的运动员能够获得同样的营养物质，可以说比一个杂食性的运动员吃得更好。Kendrick Farris（@kendrickjfarris）、Patrik Baboumian（@patrikbaboumian）、Jehina Malik（@ifbbjehinamalik1）和Nate Diaz（@natediaz209）只是众多著名的素食运动员中的一小部分，他们已经向世界证明了这一点。

我们将在下面几页中讨论的植物性营养素是恢复的重要组成部分。如果你不采取必要的措施进行休息和恢复，你的表现水平就会受到阻碍，你的进步也会受到影响。确保始终在恢复状态和最佳能量下进行锻炼。这样，你在健身房、在工作中和在家里的表现就不会受到影响。

行锻炼。这样，你在健身房、在工作中和在家里的表现就不会受到影响。

能源和性能

人体首选的能量来源是葡萄糖，一般来源于饮食中的碳水化合物。由于碳水化合物很容易分解，所以它们经常被吹捧为一种很好的能量来源。不幸的是，为身体提供健康的长期能量来源并不像狂吃碳水化合物那么简单。每天摄入适量的正确类型的碳水化合物很重要。

简单碳水化合物与复杂碳水化合物

碳水化合物主要有两大类：简单碳水化合物和复杂碳水化合物。简单碳水化合物和复杂碳水化合物被人体分解，然后转化为葡萄糖作为能量。但是，由于它们的化学结构不同，分解的速度也不同。

简单的碳水化合物比复杂的碳水化合物更容易被身体分解和转化。这意味着简单碳水化合物以更快的速度被"吸收"到您的血液中。复杂的碳水化合物需要更长的时间来分解，因此它们提供给身体的葡萄糖流较慢。复杂碳水化合物对葡萄糖的延迟吸收为身体提供了更长期的能量来源，并使一天的能量水平保持稳定。这也有助于你更长时间的饱腹感。

当血糖水平因摄入简单的碳水化合物而飙升时，大量的胰岛素被释放到血液中。在胰岛素大量飙升后不久，你的血糖往往会很突然地下降。当血糖水平非常低时，你很可能会出现崩溃，或者疲劳感。当然，如果你是在去健身房的路上，这就远远不是理想的状态，所以最好是富含复合碳水化合物的饮食。

要衡量一种成分或食物对血糖水平的影响，可以参考升糖指数，该指数给富含碳水化合物的食物赋予0到100的评分，以表明该食物对人的血糖水平的影响程度。评分为100等于纯葡萄糖。低升糖指数的食物包括燕麦、豆类和豆类，它们的GI评分在55分或以下。

水果通常是甜的，但比土豆或短粒米等高GI食物更复杂。大多数水果的成分更复杂，因为它们同时含有糖和纤维。这种组合使身体以不同的方式吸收这些食物中的葡萄糖。水果还含有一些维生素，可以改善身体功能和表现。

需要注意的是，枣子等水果的热量还是很高的。这些甜美的水果应该适度享用，尤其是在削减卡路里的阶段，这个原则将在本书后面解释，与其他膳食和食物一起追踪。

然而，果汁中通常都含有糖分，而原水果中的纤维一般都会从果汁中去除。因此，果汁会导致血糖大幅飙升。即使是"不添加糖"的果汁，也往往含有大量的天然糖。它们可能和苏打水一样甜，而且没有水果的天然纤维，饱腹感不**强**。

在一天中正确的时间摄入碳水化合物将帮助你的身体保持稳定的能量水平。保证即将到来的锻炼所需的能量水平的一个很好的方法就是在训练前一两个小时食用富含复合碳水化合物的食物。这将是一天中身体最需要能量的时刻。

当减脂，或者说修剪体重是目标时，限制碳水化合物的摄入会让你更容易控制每天的热量摄入。很多人还发现，早上第一件事就是避免碳水化合物，食用富含蛋白质和脂肪的早餐是开始一天的好方法。这让他们感到饱足，如果需要的话，这可以帮助实现热量赤字。

脂肪

在过去的30年里，营养学界和媒体都断言脂肪是不好的。然而，事情的真相是，身体需要脂肪。首先，脂肪是吸收某些脂溶性维生素（如A、D、E和K）的必需品，我们需要脂肪来保持皮肤和头发的健康，同时也是重要器官的保护性绝缘体。

脂肪有两种主要类型，都可以在植物来源中找到。不饱和脂肪在室温下是液态的，更多的是来自植物。植物性饱和脂肪是固体的，存在于鳄梨、坚果、橄榄和油中。这些通常比含饱和脂肪的动物产品更健康，因为饱和脂肪会提高"坏胆固醇"（LDL）水平。血液中的低密度脂蛋白水平应始终低于100毫克/分升。以植物为基础的全食物饮食实际上保证了血液中非常健康的低密度脂蛋白水平，因为动物产品是膳食胆固醇的唯一来源。

高密度脂蛋白胆固醇有助于清除血液中其他形式的胆固醇，因此被认为是健康的适量。建议血液中的高密度脂蛋白水平在40至59毫克/分升之间。富含全食物的植物性饮食对高密度脂蛋白有利，食物包括豆类、豆类、全谷物、亚麻籽、奇亚籽、麻籽、坚果、鳄梨、高纤维含量的水果和大豆制品。

如果你想测量血液中的胆固醇水平，请咨询你的医生。

反式脂肪通常由公司生产，以增加其产品的保质期。反式脂肪是不饱和脂肪，通过氢化不饱和脂肪变成饱和脂肪。不用说，反式脂肪是不好的，应该不惜一切代价避免。富含全食物的饮食会让你轻松远离反式脂肪。

Omega 3-6-9

脂肪酸，特别是必需脂肪酸（EFAs）--α-亚麻酸（Omega-3）和亚油酸（Omega-6）--与控制体内炎症密切相关。这些脂肪酸为您的身体提供构建模块，以产生增加和减少身体炎症的物质。

您的身体无法产生Omega-3和Omega-6脂肪酸，因此，您摄入作为这些脂肪来源的成分是至关重要的。这些必需的脂肪有助于许多身体过程，如调节血压和大脑发育和功能。

此外，脂肪酸对你的身体功能至关重要，从你的呼吸系统到你的循环系统，它们共同将血液和氧气循环到全身。脂肪酸对你的大脑和其他重要器官也是至关重要的。最终，身体确实会产生Omega-9脂肪酸，靠自己。

ω-3脂肪酸负责帮助大脑功能以及预防心血管疾病。它有助于预防哮喘、某些癌症、关节炎、高胆固醇、血压等。通过食用奇亚籽、核桃、亚麻籽、麻籽以及从这些产品中提取的油等来源，可以满足所需的Omega-3剂量。另外，也可以使用Omega-3藻油，它是素食主义者，含有大量的Omega-3脂肪酸DHA和EPA，可以减少炎症和慢性疾病（如心脏病）的风险。DHA支持正常的大脑功能和眼睛健康。

欧米伽-6可以在各种种子、坚果、绿色蔬菜和橄榄油等油类中找到。这些脂肪酸在大脑功能和正常生长发育中起着至关重要的作用。欧米伽-6脂肪酸还有助于刺激皮肤和头发生长，维持骨骼健康，调节新陈代谢，维持生殖系统。

诀窍是摄取适量的脂肪酸；目标是摄取两倍于Omega-3的Omega-6脂肪酸。这样做可以防止炎症，因为Omega-6脂肪酸具有促炎作用。以植物为基础的全食物饮食实际上确保了两种脂肪酸的均衡摄入。

最后，Omega-9脂肪酸是一种非必需脂肪酸，身体可以产生，但只有当有足够的Omega-3和Omega-6存在时，才会产生，从而使它依赖于其他脂肪酸的消耗。如果你的饮食中缺乏适当数量的Omega-3和Omega-6，那么你可以从饮食或补充剂中获得额外的Omega-9（因为在这种情况下你的身体不会产生它）。Omega-9脂肪酸自然存在于鳄梨、坚果、奇亚籽油和橄榄油中。

蛋白质与恢复

蛋白质的摄入对于修复训练时锻炼的肌肉组织至关重要。锻炼肌肉会在肌肉组织中产生微裂缝，需要在肌肉继续生长之前愈合。蛋白质是后者所必需的，因为它们基本上是身体组织的构件。

摄入适量的蛋白质，你的肌肉就能得到恢复和改善。每天摄入足够的卡路里和蛋白质对于肌肉肥大、肌肉力量和大小的增加至关重要。简单来说，恢复和修复可以帮助你的身体适应运动。

锻炼后修复和增加肌肉所需的每日蛋白质摄入量为每磅体重0.5-0.8克，或每公斤1，2-1，7克。你可以在"增肌和减肌"一章中找到保存肌肉所需的每日蛋白质摄入量。

蛋白质，根据来源不同，由不同的氨基酸组成。氨基酸组成了人体的许多结构，包括指甲、肌肉、皮肤和头发。在总共20种氨基酸中，有11种可以由人体合成，不需要从食物中获得。然而，其他9种则需要存在于饮食中。这些氨基酸在体内都发挥着不同的作用，即使只有9种是必不可少的，但包含所有20种氨基酸的完整饮食可以提高你的锻炼表现和恢复能力。氨基酸也是体内荷尔蒙的产生和供应所需要的，这些荷尔蒙能促进身体的一些重要功能。

20种氨基酸都可以从植物性原料中获得。每一种能够为人体提供蛋白质的原料都有不同的氨基酸。九种必需氨基酸是*亮氨酸*、*赖氨酸*、*色氨酸*、*异亮氨酸*、*组氨酸*、*缬氨酸*、*蛋氨酸*、*苯丙氨酸*和*苏氨酸*。

豆类和豆类含有大量的*赖氨酸*，但缺乏*蛋氨酸*，例如芸豆、花生、豌豆、黑豆、扁豆和蒜豆。例子包括芸豆、花生、豌豆、黑豆、小扁豆和加班豆。因此，这些来源可以与高*蛋氨酸的*谷物（如大米）相结合。菠菜、甘蓝、西兰花和莴苣等叶菜含有大量的*亮氨酸*、*缬氨酸*、*苯丙氨酸*和*赖氨酸*。

一对特殊的植物性食物是大豆和藜麦。两者都含有非常平衡的氨基酸。大豆甚至包含所有九种必需氨基酸，使其成为完整的蛋白质来源。而且与许多网络文章所宣称的不同，大豆是植物性饮食中完全负责任的成分（不包括大豆过敏者）。每天对氨基酸的要求并不是非常严格，因为在多样化的植物性饮食中很容易获得足够的每种必需氨基酸。

下面列出了九种必需氨基酸、其功能、来源和日常需求量。

赖氨酸

功能：组织生长，产生肉碱。

每日需求量：2000-3500毫克2000 - 3500毫克

来源：豆类、麻类、豆类（鹰嘴豆和小扁豆）、杏仁、水芹、欧芹、奇亚籽、鳄梨、腰果和螺旋藻。

亮氨酸

功能：肌肉生长和维持，血糖调节

每日需求量：2000-3000毫克2000 - 3000毫克

来源：豌豆、鳄梨、葡萄干、海藻、南瓜、全谷米、水芹、芝麻、芜菁菜、芸豆、无花果、枣、蓝莓、大豆、苹果、葵花籽、橄榄和香蕉。

异亮氨酸

功能：产生血红蛋白，产生能量，修复肌肉组织。

每日需求量：2000 - 3200毫克2000 - 3200毫克

来源：糙米、扁豆、卷心菜、黑麦、腰果、杏仁、大豆、葵花籽、芝麻、燕麦、豆类、奇亚籽、菠菜、麻籽、南瓜、南瓜籽、蔓越莓、蓝莓、苹果、藜麦和猕猴桃等水果

蛋氨酸

功能：软骨形成

每日需求量：1050 - 1500毫克

来源：全谷米、海藻、豆类、葵花籽、奇亚籽、巴西坚果、麻籽、燕麦、小麦、无花果、洋葱、可可、豆类和葡萄干。

苯丙氨酸(由身体转化为酪氨酸)

需求量：8克以下（孕妇应避免服用补充剂形式的苯丙氨酸[1]）。

每日所需：激素生产前体

来源：藜麦，杏仁，无花果，绿叶蔬菜，螺旋藻，豆类，大米，南瓜，鳄梨，花生，大多数浆果，葡萄干和橄榄。

---

[1]https://www.ncbi.nlm.nih.gov/pubmed/818440

苏氨酸

功能：免疫力、神经系统维护

每日需要量：1050-1500毫克

来源：大豆、芝麻、奇亚籽、水芹、南瓜、绿叶菜、螺旋藻、麻籽、葡萄干、葵花籽、杏仁、鳄梨、无花果、藜麦和小麦。

色氨酸

功能：情绪调节、睡眠周期调节、循环支持、酶的产生、新陈代谢和中枢神经系统调节。

每日需求量：280 - 350毫克

来源：绿叶菜、蘑菇、豆类、无花果、冬瓜、燕麦、麻籽、奇亚籽、海藻、豆类、甜菜、欧芹、芦笋、所有生菜、鳄梨、芹菜、胡萝卜、鹰嘴豆、青椒、扁豆、洋葱、橙子、香蕉、苹果、菠菜、大豆、南瓜、水芹、红薯、藜麦和豌豆。

缬氨酸

功能：肌肉的生长和修复

每日需要量：1600-2800毫克

来源：大豆、花生、奇亚籽、全谷物、豆类、西兰花、芝麻、菠菜、蔓越莓、橙子、麻籽、鳄梨、苹果、无花果、蓝莓、杏子和发芽谷物

组氨酸

功能：运输神经递质。

每日需求量：650 - 800毫克

来源：小麦、豆类、哈密瓜、麻籽、豆类、大米、黑麦、海藻、奇亚籽、土豆、花椰菜、荞麦和玉米。

蛋白质肌肉的合成

传统上，为了最大限度地恢复肌肉，蛋白质被规定在锻炼后直接食用。很多人认为，肌肉组织在完成锻炼后会继续快速分解，应该在45分钟内给这些组织补充蛋白质，这样肌肉就会瞬间吸收蛋白质，并因此而增长更多。这个时间段通常被称为"合成代谢窗口"。

然而，这个理论已经被推翻了。的确，锻炼结束后，你的肌肉还在分解，蛋白质会帮助它们恢复。但是在45分钟内吃蛋白质是没有必要的。你的身体可以利用锻炼前最后一餐的蛋白质。*加拿大应用生理学杂志[2]*》进行的一项研究表明，重度抗阻训练4小时后，肌肉中合成蛋白质的速度会提升50%。24小时后，这一速度提高到109%。直到训练后36小时，肌肉蛋白质合成率才大致恢复到基线。

其实，只要一天中摄入足够的蛋白质，在完成训练后，不必急于进餐或直接喝奶昔。正如研究指出，

---

[2]https://www.ncbi.nlm.nih.gov/pubmed/8563679

蛋白质被代谢后用于肌肉生长的窗口是4-36小时。对于新运动员来说，这个时间窗口可能会更长，但对于有经验的运动员来说，这个时间窗口通常会更短，或者在压力较小、对肌肉影响较小的训练之后。

这个蛋白质合成升高的窗口基本上是您的肌肉从锻炼中恢复所需的时间。为了达到最佳的锻炼效果，你应该始终致力于让你的肌肉有这段时间来进行适当的恢复。在48小时的时间窗口过后，你可以再次开始训练肌肉或肌肉群。初学者可能需要更长的恢复期，即使是有经验的举重运动员，在经过新的训练方案或改变技术后，也可能需要更长的恢复期，因为他们可能会以新的方式给肌肉施加压力。

在让肌肉完全恢复之前进行训练，会阻碍你的健身效果。同样的道理也适用于超过必要时间的恢复休息。根据你的个人目标，你可能希望每周多次训练同一块肌肉（组）。对于普通人健身来说，每周训练一两次肌肉就可以了，只要你不超过一整周不去健身房就可以了。

然而，如果你对健美很认真，你可能希望每48小时锻炼一次每块肌肉。需要注意的是，精确测量最佳恢复窗口总是很难的。其中涉及到很多变量，并不总是在运动员的控制之下，所以一个深思熟虑的锻炼计划可以帮助你。如果您对您的锻炼计划有任何意见，请加入我们专属的Facebook群组，加入越来越多的植物性运动员的行列：https://www.facebook.com/groups/PlantBasedAthletes。

对于跑步者，或者训练耐力的人来说，不一定要最大限度地提高肌肉的大小或力量。如果你对耐力很认真，你希望你的锻炼计划能反映这一点。长时间的锻炼比以力量为主的锻炼对糖原水平的消耗更大，所以摄入一些GI值较高的食物（更多的简单碳水化合物），可以帮助你在训练后快速恢复糖原水平。

宏观和微观

计算和跟踪宏量营养素

宏量营养素或"宏"是三组能量密集型营养素的名称，它们构成了我们饮食中最基本的组成部分：碳水化合物、脂肪和蛋白质。除了作为燃料外，它们还能促进我们身体的许多功能，并被我们的消化系统分解到身体结构中使用。每种宏量营养素为我们提供以下数量的热量。

1克蛋白质=4卡路里

1克碳水化合物=4卡路里

1克脂肪=9卡路里

如何计算每天的热量摄入？

在准备饭菜时，你需要计算两件事：每顿饭中的宏量营养素和存在的卡路里数量。本书中的食谱可以减轻你的责任。

为了从所提供的营养信息中获益，您需要知道您每天一般需要吃多少。这就是为什么我们要计算每日的热量需求，也就是所谓的基础代谢率。这对于设定您的每日宏量摄入量的标准和跟踪是至关重要的。下面将解释如何计算您的具体热量需求。

这是您需要用来计算基础代谢率（BMR）的公式。

- **男子**：BMR=(9.99x体重(公斤)+(6.25x身高(厘米))-4.92x年龄(岁)+5。

- **女性。**BMR=(9.99x体重(公斤)+(6.25x身高(厘米))-(4.92x年龄(岁))-161。

- **将BMR数字乘以适合您生活方式的活动系数。**如果不运动，您的活动系数是1.2。如果您每周锻炼一至三次，您的活动系数是1.375。如果你每周进行三到五次运动，活动因子是1.55。如果每周进行六到七次的大运动量，活动系数为1.725。对于运动员或有大量训练课程和/或体力要求高的工作的人，你的活动系数是1.9。从第二种计算方法得出的数字就是维持健康体重所需的卡路里（千卡）数量。

降低碳水化合物和脂肪的摄入量可以让你更有效地燃烧脂肪。对于一些运动员来说，*碳水化合物与蛋白质和脂肪的摄入比例为50:25:25是理想的*。一旦你实现了目标，并希望单纯地维持体重，你要专注于稳定你的热量摄入，至少有15-20%的热量来自蛋白质。

下面就为大家介绍一下如何在2000卡路里的饮食中达到50：25：25的比例。

- 50%的碳水化合物。2000×50%=每天1000卡路里。要确定所需的量，用1000除以4，得到每天所需的250克碳水化合物。

- 25%的蛋白质：2000×25%=每天500卡路里。用500卡路里除以4，得到每天需要125克蛋白质。

- 25%脂肪：2000×25%=每天500卡路里。将500卡路里除以9，得到每天需要的脂肪约55.6克。

追踪

坚持制定膳食计划，并花费必要的时间来准备膳食，将使每天摄入适当数量的宏量营养素几乎毫不费力。通过密切关注碳水化合物、蛋白质和脂肪的摄入量，你的健身目标将触手可及。有意识地追踪宏量，还可以非常容易地调整你的膳食计划，以应对不断变化的健身目标和身体的需求。

一旦你对自己每天的卡路里需求有了明确的了解，你就可以用这个数字来计算每天的宏量营养素的推荐数量。如前所述，卡路里决定了体重的增加、减少或维持。通过摄入正确的常量营养素比例，你将保证恢复，并结合适当的训练，改善和优化你的肌肉系统和身体成分。

在这个时代，跟踪宏量营养素是超级简单的，这要归功于像MyFitnessPal（https://www.myfitnesspal.com）和MacroTrak（iTunes）这样的应用程序 - （https://itunes.apple.com/us/app/macrotrak-macro-tracker/id1175925585?mt=8）。如果你没有机会使用智能手机，或者喜欢传统的或不同的方法，用记事本或（数字）电子表格手工跟踪你的摄入量就可以了。

毫不费力地跟踪

为了达到目标，你需要消耗的宏总量是基于你的身长、体重和期望的结果。你会在增量和削减"一章中读到更多的内容。

植物性蛋白质来源

一些很好的植物蛋白来源包括豆腐、豆豉、豆类、扁豆和藜麦。下图显示了一些比较好的易于储存的植物性（全食物）蛋白质来源及其宏量营养素分解。

名称	服务	蛋白质	脂肪	碳水化合物	纤维
大麻籽，烘烤	100 g	36.7 g	30 g	23.3 g	13.3 g
大麻籽，生的	100 g	33.3 g	46.6 g	6.7 g	3.3 g
南瓜籽，烘烤	100 g	32.1 g	46.4 g	14.3 g	10.7 g
烤花生	100 g	26.7 g	50 g.	16.7 g	10 g
生花生	100 g	26.7 g	50 g.	16.7 g	10 g
豌豆，干燥	100 g	25.5 g	1 g	60.8 g	25.5 g
南瓜籽，生的	100 g	25 g	46.4 g	17.85 g	3.6 g
蔓越莓豆，干的	100 g	25 g	1 g	60.7 g	25 g
西塔	100 g	24.6 g	3.5 g	7 g	1.75 g
扁豆，干燥	100 g	24.4 g	0 g	60 g	15.55 g
干白豆	100 g	23.4 g	0.9 g	60.3 g	15.2 g
葵花籽，生的	100 g	23.3 g	50 g	20 g	10 g
芸豆，干	100 g	22.9 g	0 g	58.3 g	22.9 g
利马豆，干的	100 g	21.6 g	0 g	62.7 g	21.6 g
黑豆，干	100 g	21.6 g	1.4 g	62.4 g	15.2 g
鹰嘴豆，干的	100 g	21 g	13.15 g	60.5 g	18.4 g
海豆，干	100 g	20.8 g	1 g	58.3 g	14.6 g
扁豆，干	100 g	20.8 g	1 g	58.3 g	14.6 g
葵花籽，烘烤	100 g	20 g	50 g	20 g	10 g
开心果，生的	100 g	20 g	46.7 g	30 g	10 g
烤开心果	100 g	20 g	46.7 g	26.7 g	10 g
豆豉	100 g	19 g	5.35 g	11.9 g	8.3 g
松子	100 g	15.4 g	65.4 g	11.5 g	3.8 g
Kamut	100 g	15 g	2.3 g	60.9 g	9.7 g
燕麦片	100 g	14.3 g	7.1 g	67.85 g	10.7 g
黄玉米甜、干	100 g	14.3 g	3.6 g	67.85 g	21.4 g
藜麦，干	100 g	13.3 g	5.1 g	60 g	6.7 g
荞麦糁，干燥	100 g	13 g	2.2 g	69.6 g	2.2 g
生豆豉	100 g	13 g	6.8 g	11.1 g	4.2 g
大豆芽	100 g	12.9 g	7 g	9.4 g	2.35 g
干燥的库斯库斯	100 g	12.8 g	0.6 g	77.4 g	5 g
柚木	100 g	12.2 g	3.65 g	70.7 g	12.2 g
小米，生的	100 g	10.9 g	3.6 g	72.7 g	9.1 g
煮熟的豆豉	100 g	10.9 g	5.2 g	9.9 g	5.2 g
白豆，熟的	100 g	9.7 g	0.4 g	25.1 g	6.3 g
鹰嘴豆，熟的	100 g	9.5 g	3 g	30 g	8.6 g
豆腐，硬豆腐	100 g	9.5 g	4.2 g	2.4 g	<1 g
蔓越莓豆，熟的	100 g	9.3 g	0.5 g	24.5 g	10 g
煮熟的扁豆	100 g	9 g	0.65 g	26.2 g	9 g
扁豆，熟的	100 g	9 g	0.4 g	20 g	7.9 g
黑豆，熟的	100 g	8.9 g	0.5 g	23.7 g	8.7 g

芸豆，熟的	100 g	8.7 g	0.5 g	22.8 g	6.4 g

微量营养素摄入量

微量营养素（维生素和矿物质）在人体的大部分功能中发挥着重要作用。维生素分为两类：水溶性（C和B群）和脂溶性（A、D、E和K）维生素。水溶性维生素在体内最多保存三天，因此需要通过饮食定期补充。脂溶性维生素可以储存在肝脏中。

在植物性饮食中，需要特别注意维生素D、钙和维生素B12。维生素B12在携氧红细胞的过程中起着重要作用，主要存在于动物产品中。根据建议，一个成年人每天应该摄入2.4mcg（微克）的维生素B12。在纯素饮食中，最好是补充这一营养素，并警惕食用强化B12的谷物等食物。如需了解更多信息，请向您的营养师或营养师咨询最佳的补充方式。

良好的植物性钙质来源包括绿叶菜，如羽衣甘蓝和甘蓝，以及植物性牛奶替代品，如大豆、杏仁、大米和麻奶。维生素D的来源包括波多野结衣和香菇，以及强化的植物性牛奶。虽然维生素D的最佳来源当然是阳光。如果你生活在世界上以阴天为主的地区，最好补充一下。

微量营养素	建议膳食摄入量
钙质	1200毫克
磷	700毫克
镁	男性400毫克，女性310毫克
钾	4700毫克
钠	1500毫克
氯化物	2300毫克
铁	男性8毫克，女性18毫克
鋅	男性11毫克，女性8毫克
銅	900微克（微克）
碘	150微克（微克）
锰	男性为2.3毫克，女性为1.8毫克。
维生素A	男性900微克，女性700微克。
维生素D	15微克（μg）
维生素E	15毫克
维生素K	男性120微克（微克），女性90微克（微克）。
维生素C	男性90毫克，女性75毫克
硫胺(B1)	男性为1.2毫克，女性为1.1毫克。
核黄素(B2)	男性为1.3毫克，女性为1.1毫克。

(B3)	男性16毫克，女性14毫克
(B5)	1.3毫克
醇(B6)	1.3毫克
素 (B7)	30微克 （μg）
(B9)	400微克 （μg）
维生素B12	2.4微克 （微克）

每日微量营养素需求量

每日微量营养素需求量

散装和切割

增肌和减肌是健身和健美行业中常用的术语。增肌的目的是为了增加肌肉质量，而切割的意思是"削减"身体脂肪，同时保持大部分辛苦获得的肌肉质量。增肥可以"干净"或"肮脏"地进行，而切割则遵循更严格的准则。

你的体重是增加还是减少，将取决于你每天的卡路里摄入量。每个人每天都需要消耗一定数量的卡路里来支持他们的日常活动和维持体重。这个数字被称为维持水平或基础代谢率（BMR）。它因人而异，取决于遗传因素和日常活动的水平。

为了增肌，你需要摄入比你的维持水平更多的热量。这种所谓的卡路里过剩将为你的身体提供所需的宏量营养素，使其能够增长。相反，对于减重，你要以卡路里赤字为目标。这意味着消耗的卡路里要比你的维持水平少，这就迫使你的身体部分地依赖其储存的能量。

扩容和切割都应该以一个恒定的、可维持的、健康的速度进行。有一些替代性的切割方法，如间歇性断食，但这些不是本书的主题。

散装

增量应该总是尽可能多地使用"干净"的食物，这意味着主要是全食物。这在植物性饮食中是相当容易实施的。消耗极多的热量和蛋白质只会导致储存的脂肪增加。持续的、有规律的热量过剩，对你的身体压力会小一些，对胃也能控制。

当增重时，你要以持续增加体重为目标。这种增加的热量摄入应该反映在肌肉和/或力量的增加上。根据您的起点，每月增加半磅到一磅的体重是最佳的。这个范围通常被称为"瘦身增重"，它表示一种健康和负责任的增重方式。每月增加半磅到一磅的体重，通常可以通过持续的高于维持水平15-20%的热量盈余来实现。

另一种增重方法是"脏增重"。这种方法简单来说就是下来大量的热量过剩，会让你快速增重。虽然每个人都有个人的动机，但这种方法并不是很健康和可靠。因此这里不推荐"脏脏增重"。

修复和建立肌肉组织需要时间。虽然也有例外，但如果你是自然训练，每个月增重超过一磅，很可能是吃得太多，也在储存体内脂肪。

修复和建立肌肉组织需要时间。虽然也有例外，但如果你是自然训练，每个月增重超过一磅，很可能是吃得太多，也在储存体内脂肪。

切割

削减应该按照类似的原则进行。减肥过快很可能导致珍贵的肌肉组织流失，通常是不健康的。快速减重发生在热量不足的情况下，而热量不足太严重，身体无法维持肌肉质量。平均来说，健康的减重速度在切割阶段应该是每周减少一到两磅的体脂。这个数量总是相对于个人的体重而言的。

为了每周减掉一磅脂肪，你需要从饮食中减少相当于这一磅的卡路里数量。一磅的体脂大约是3500卡路里，所以你的目标应该是每周摄入3500卡路里，比你的维持水平要少。

在计划和努力减重的同时，应始终考虑到体重、遗传因素和性别。为了安全地减肥，你要估算出一个既符合你的目标和需求，又不影响你的健康的每日赤字数。

从你的基础代谢率(BMR)的每日卡路里开始。一周内，每天早上称体重，准确测量你的总体重，然后将总人数除以7.注意，如果能使用精确的体重秤，会让你更准确地了解自己的身体质量情况。

经过这第一周的称重，你可以开始减少热量。从5-10%的赤字开始。对于一个每天BMR为1800卡路里的女性来说，这意味着要降低这个数字90-180卡路里。下面的图表显示了安全的卡路里数字。确保始终计算您的BMR，并从那里开始工作。不是每个人的身体都是一样的!

BMR	5%的卡路里不足	10%卡路里不足	15%的卡路里不足
1800	90	180	270
2000	100	200	300
2500	125	250	375
4000	200	400	600
5000	250	500	750

在切割阶段增加蛋白质的摄入量是一个好主意，原因有二。首先，增加的蛋白质量能让你保持饱腹感，所以渴望的问题会减少。第二，充足的蛋白质可以保护你的肌肉组织，并将导致更多的分解性切割，意味着更好的肌肉保存。

为了减少肌肉在切磋中的损失，建议摄入稍高的蛋白质（每磅0.8-1克，或每公斤体重1,8-2,2克）。

营养需求几乎总是可以通过全食物来满足，但如果需要的话，你总是可以从蛋白奶昔中获得额外的蛋白质。奶昔也是最容易准备的一餐，但最终还是以固体形式摄入大部分营养更健康。

练习

有氧运动是很多人最不喜欢的运动方式，但它却是一种非常有效的促进减脂的方法。认真的有氧运动与HIIT（高强度间歇训练）相结合，可以迅速而轻松地导致燃烧100-150卡路里的额外热量。这些燃烧的卡路里可以以（主要是）蛋白质的形式消耗在你的BRM之上，以帮助保存来之不易的肌肉质量。

最后，在切磋阶段一定要不断追踪自己的成果和体重。一定要多喝水，并特别注意适当的维生素和脂肪摄入。为了让你的味蕾和胃得到满足，可以从本书的众多美味食谱中选择一款。

作弊日

每个人都会不时地开始渴望某些食物。零食、快餐和垃圾食品对大多数人来说偶尔是很诱人的，不过很遗憾，它们对运动员的健康（和表现）并没有什么好处。

虽然偶尔吃点零食也无妨，但必须限制那些不能帮助你达到目标的食物的摄入。遵循符合你个人需求的膳食计划，配合餐前准备的方法，是通往积极成果的唯一一致的途径。

也就是说，完全禁止你喜欢的食物通常会导致对该食物的渴望增加，所以遵循过于严格的饮食计划有时会导致失去动力，降低坚持的程度。

如果目标是减掉身体的脂肪（切割），对这些类型食物的渴望可能特别难以管理，因为它们往往含有大量的糖和热量，对你的目标没有好处。在减脂阶段，使用这些技巧可以更好地管理你的渴望。

- 增加蛋白质的摄入量。高蛋白食物具有饱腹感，比其他类型的食物能更长时间地避免饥饿感。

- 增加你的纤维摄入量。不溶性纤维以纤维状的形式停留，帮助食物通过消化系统，让你更快地感到饱腹，而不贡献任何热量。

- 寻找不健康食物的替代品。用更健康的替代品代替零食、快餐和垃圾食品，可以消除完全被剥夺的感觉。让自己尝试新的、负责任的零食，这些零食与你渴望的垃圾食品相似，但比垃圾食品更健康。这些通常比你能想到的任何垃圾食品味道和感觉都要好，并且会抑制你的渴望。

- 多喝水。口渴有时会被误认为是饥饿，喝杯水可以让渴望消失。喝完水后等20分钟，看看是否还有渴望。水也会让你有更长时间的饱腹感，可以减少实际饥饿感。

- 保持忙碌。无聊往往会导致渴望，保持头脑活跃有助于减少吃东西的诱惑，以分散注意力。让你的心思集中在你的目标和你的饮食中所渴望的结果上。

尽管有以上的提示，偶尔还是会有需要放纵一下的感觉。计划欺骗日或欺骗餐可以让你在坚持饮食的同时，以一种负责任的方式灵活运用。

只要你的卡路里摄入量不超过你每天的总摄入量，并且你摄入了必要数量的蛋白质，你的进度就不会因为偶尔的一个小食日而受到影响。即使在减重期间，当您通常消耗的卡路里数量低于您的维持水平时，一个含有一些额外卡路里的作弊日也只是让您恢复到一天的维持水平。这可能会让你的进度稍稍放缓，但不会完全脱轨。

不过，在作弊日监测你的蛋白质摄入量，对于维持辛苦得来的肌肉质量是很有必要的。而同样，氨基酸的饱腹性会减少饥饿感，因此一定程度上限制了你摄入的总热量。

关于作弊日，最好的方法就是好好计划。如果你确实走得太远，失去了控制，你能为自己做的最好的事情是接受你的不准确，并立即回到你的膳食计划的轨道上。

继续朝着你的目标努力。同样，只要作弊日是偶尔的，并且不成为你的常规部分，你的进步就不会受到阻碍。

管理和健身目标

时间管理

最好的饮食和健身计划是那些与你的日常生活无缝衔接的计划。如果从你的正常活动中花费太多时间，那么维持你的健康将永远是一个挑战。常见的例子是工作、家庭活动、爱好和旅行。因此，实现你的健身目标最重要的部分之一就是**计划**--用最少的时间做出最有成效的利用。

运动员想要提高成绩、增加肌肉量或降低体脂率，只有通过适当的训练、休息和营养才能达到目的。本书的主题是后者，这可以说是最重要的组成部分。通过计划膳食进行适当的时间管理，如果做得正确，将对你的健康产生最大的影响。

计划膳食

一个非常简单的方法，以节省时间和金钱，并确保结果是拿出一个有效的膳食计划程序。这个过程需要一个（数字）日历、日记或应用程序来提醒你购物和准备周餐。如果准备工作做得好，每周只需要一到两天的时间就能为更好的身体提供燃料。

每天坚持摄入正确数量的宏量营养素，对于保证长期的身体进步绝对是至关重要的。大多数人每天摄入三顿正餐和另外两顿零食，以便在清醒的时候保持饱腹感和精力充沛。每隔两到三个小时进食一次，有助于减少饥饿感，保持全天能量水平稳定。不同的饮食方案，如间歇性断食是可能的，也是有益的，但这些饮食方案不是本书的重点。如果你对植物性断食感兴趣，可以给我们的Facebook页面留言。(https://www.facebook.com/happyhealthygreen.life)或者给我们发邮件：info@happyhealthygreen.life。

计划锻炼

不用说，锻炼是非常重要的。太多的人跌跌撞撞地走进健身房，没有真正的行动计划或方向。这很可能不会带来任何明显的效果。坚持一个锻炼计划，无论是严格的还是灵活的，都会给你指明正确的方向。知道该做多少组和重复的动作，会让你的锻炼变得高效和可追踪。它还会帮助你节省时间，防止担心效率低下。

最重要的是，没有一个计划意味着你将没有任何手段来跟踪你的进展，所以它变得非常困难，看看什么是为你工作，什么可能需要改变。进步对每个人来说都是不同的，可以有多种形式和程度。对你来说，进展可能是以质量增加、力量增加或修剪身体脂肪来衡量的。

通常，你将能够以不止一种方式来衡量进步：能够举起更重的重量，完成更多和更好控制的重复次数，更短的休息时间，或进行更困难的练习。并非不重要的是健身的美学方面，这与可衡量的进步有着必然的联系。镜子里倒映出一个更好、更健壮、更强壮的你，会让人很有成就感。

确保随着时间的推移，跟踪所有这些指标。你可以在笔记本、电子表格或智能手机应用程序中记录所有的锻炼情况。一旦你有一个锻炼计划，并知道你需要做什么才能达到你的目标，你就可以去健身房激光聚焦。如果您对您的锻炼计划（和营养）有任何意见，请加入我们独有的Facebook群组 （https://www.facebook.com/groups/PlantBasedAthletes），加入越来越多的植物性运动员。

您定制的、具体的、可衡量的锻炼计划与预先准备好的膳食相结合，将为您带来最好的、植物动力型的您!

植物性补充剂

首先，补充剂可以帮助恢复和进步，但绝不是灵丹妙药。正确的训练、营养和休息时间才是身体进步的真正支柱。补充剂可以给你带来额外的优势，但前提是你要尊重这三大支柱。虽然以植物为基础的饮食可以满足所有宏观和微量营养素的需求，但对于严肃的运动员来说，如何防止某些营养素的缺乏是一个挑战。这就是维生素和矿物质补充剂是你的饮食的一个受欢迎的补充。

其他类型的补充剂可以帮助提高你的表现和恢复。作为一名以植物为基础饮食的运动员，你总是希望确认补充剂的制造过程和成分是100%纯素的。

氨基酸

如前所述，大多数植物性蛋白质来源确实含有完整的氨基酸谱。不过，摄取多种植物性蛋白质来源以确保饮食中氨基酸的平衡是非常重要的[3]。

必需氨基酸补充剂是非常有帮助的。支链氨基酸(BCAAs)是素食主义者运动员的最佳选择。这些补充剂一般包含三种必需氨基酸：亮氨酸、异亮氨酸和缬氨酸。正如我们在"蛋白质和恢复"一章中所学到的，这些都是蛋白质正常合成所需要的。

补充剂形式的BCAAs价格相对便宜，而且不会产生有害的副作用。这种补充剂通常以粉末的形式生产，通常放在胶囊中，以便于食用。运动员的标准日用量大概是20克。

另一种有益于锻炼前的氨基酸补充剂是苹果酸柠檬素。这种补充剂可以促进一氧化氮的产生，并增强血液流动，营养吸收和氧气的运输。因此，你会体验到更大的"泵"，这意味着你的肌肉会在锻炼期间由于过度的血液流动而更加膨胀。这些血液携带了肌

---

[3] https://www.ahajournals.org/doi/abs/10.1161/01.cir.0000018905.97677.1f

肉执行任务所需的所有营养物质，因此会增强你的运动能力。

肌酸

你的身体可以自己产生少量的肌酸。肌酸可以[4]帮助肌肉细胞产生更多的能量，提高高强度运动的表现。较高浓度的肌酸已被证明可以提高功率输出，延缓肌肉疲劳。肌酸还可以增加肌肉的含水量，加速肌肉生长，甚至可以对抗帕金森氏症和其他神经系统疾病。

每天摄入5克肌酸水合物，已被证明可以增加肌肉内的可用能量。当考虑用肌酸补充饮食时，要在周期开始前预加载，因为人体每天大约只产生一克肌酸。肌酸周期由3个阶段组成。

1. 加载阶段。1周；每天5-20克肌酸。
2. 维持阶段。5-6周；每天3-10克肌酸。
3. 暂停阶段。2-4周。

---

[4]https://www.healthline.com/nutrition/10-benefits-of-creatine#section1

为了快速收获肌酸的好处，建议在锻炼周期开始前的两天左右，[5]每天从20克肌酸开始。在第三天--锻炼周期的第一天，肌肉会达到肌酸的最大储存量。从第三天开始，建议每天5克肌酸的正常剂量。

如果不可能或不想要20克两天的预装，从每天5克开始也可以。最大的效益只是要多花几天时间才能出现。

---

[5]https://www.bodybuilding.com/content/do-i-need-to-load-with-creatine.html

睾丸激素促进剂

一组非常有趣的补充剂是睾丸激素促进剂，声称可以提高天然睾丸激素水平。雄性激素对肌肉建设、身体机能和一般健康极为重要--后者对男性来说更是如此。

针对素食主义者的睾丸激素促进剂可能会声称，基于植物的饮食可以降低睾丸激素水平。事实似乎恰恰相反。*英国癌症杂志*》发表的一项研究指出，素食者的睾丸激素水平比经常吃肉的男性高出13%[6]。为了实现这一目标，享受多样化和全面的植物性饮食是非常重要的，不会影响或阻碍最佳睾丸激素水平。

除了合成代谢类固醇，许多睾丸激素促进剂不提供足够的增加免费睾丸激素水平在体内显示任何健康

---

[6]https://www.ncbi.nlm.nih.gov/pmc/articles/PMC2374537/pdf/83-6691152a.pdf

目标相关的好处[7]。然而，有一些草药和天然补充剂，已显示出积极的结果，在提高睾丸激素水平。这些补充剂可能是特别有趣的40岁以上的人。

例如，D-天冬氨酸[8]是一种天然存在的氨基酸，它能够平均提高42%的睾丸激素释放量。但是，它在活跃的运动者和女性身上并没有表现出明显的提升作用。D-天冬氨酸作为运动员并没有用处，但如果你在手术或事故后无法锻炼，并希望保持较高的睾丸激素水平，则可以。

葫蘆巴

葫芦巴是一种草药，可以增强性欲，提高男性睾丸激素水平。葫芦巴还能增加胰岛素的释放，这对增加重量训练后的血流量和肌肉质量很有帮助。葫芦巴应以每天600毫克的剂量服用，才能产生理想的效果。

---

[7] https://www.healthline.com/nutrition/best-testosterone-booster-supplements#section1

[8] https://www.healthline.com/nutrition/best-testosterone-booster-supplements#section1

灰树甘草

另一种值得考虑的睾丸激素增强剂是灰树甘草。在《国际运动营养学会杂志》上发表的一项为期八周的研究结束时，57名男性看到他们的睾丸激素水平平均增加了18.7%。这种草药还能够帮助肌肉恢复、压力、焦虑和认知功能。建议每天服用600-650毫克的阿什瓦甘达来享受这些好处。为了提高睾丸激素，剂量高达1,250毫克每天已经观察到产生积极的结果。每两到三个月至少休息一周的周期将防止形成耐受性。

锌

锌是一种重要的矿物质，与体内100多个化学过程有关，是产生睾丸激素的关键成分。事实证明，锌含量有限的饮食会降低健康男性的睾丸激素水平。根据研究，锌可能有助于提高那些低睾酮或饮食中锌不足的人的t水平。这种矿物质还有助于减少高强度训练计划后t水平的下降。

天然富含锌的食物包括芝麻、南瓜籽、扁豆、鹰嘴豆、腰果和藜麦。另外，锌也可以通过补充剂的形式广泛获得。

https://www.healthline.com/nutrition/best-testosterone-booster-supplements#section7

提高睾丸激素的食物

石榴

石榴是一种有趣的成分和补充。这种水果富含抗氧化剂，并以多种方式帮助提高睾丸激素水平和性能。爱丁堡玛格丽特女王大学得出结论，60名年龄在21岁至64岁之间的男性和女性志愿者在每天饮用一杯石榴汁两周后，唾液中的睾酮水平增加了16-30%。男性的平均增幅为24%。[9]

石榴还能提高一氧化氮（NO）的水平，从而增加血流量[10]。这种水果可以整颗食用，也可以以果汁或补充剂的形式食用。后者是将这种水果纳入膳食计划的最简单（且无卡路里）的方法。

蒜头

---

[9] https://www.researchgate.net/publication/275716515_Pomegranate_juice_intake_enhances_salivary_testosterone_levels_and_improves_mood_and_well_being_in_healthy_men_and_women

[10] https://www.anabolicmen.com/pomegranates-testosterone-and-erectile-quality

就像石榴一样，大蒜可以增加一氧化氮（NO）水平的产生，从而增加血液流动，减少因锻炼而可能引起的肌肉炎症。这使得血液更容易到达包括睾丸在内的区域--睾丸酮产生的地方。在大鼠中[11]，大蒜增加了血浆中的升腾激素水平，有助于诱导睾丸产生更多的睾丸激素。

本书中的各种菜谱中都用到了大蒜。你也可以在这些菜中加入蒜泥或烤蒜瓣作为配料。

鳄梨

鳄梨含有维生素、矿物质和欧米伽-3脂肪酸。它们还含有一种叫做油橙素的化学物质，可以阻止芳香化酶，而芳香化酶是负责生产雌激素的。体内雌激素过多会导致睾丸激素不平衡。

鳄梨是鳄梨酱的主要原料，可以作为各种食谱的配料。

葡萄干

---

[11]https://www.ncbi.nlm.nih.gov/pubmed/11481410

葡萄干中含有化学物质硼[12]，可使游离睾丸酮水平提高28%。游离睾丸素负责性欲、勃起和更强壮的肌肉。

葡萄干可以作为零食食用，也可以作为各种沙拉和菜肴的配料。

坚果

坚果含有脂肪，促进心脏和心血管健康[13]。杏仁含有丰富的脂肪、维生素、矿物质、蛋白质、镁、纤维和抗氧化剂。腰果营养丰富，含有极其丰富的矿物质、抗氧化剂、纤维和维生素。花生含有健康的脂肪、生物素、铜、烟酸、叶酸、锰、磷和镁。开心果提供维生素B6和抗氧化剂。榛子是维生素E的一个很好的来源，核桃含有丰富的铁、硒、钙锌和维生素E，其中一些营养素对睾丸激素水平有积极的影响

---

[12]https://www.ncbi.nlm.nih.gov/pmc/articles/PMC4712861/

[13]https://food.ndtv.com/food-drinks/healthy-snacking-is-all-about-going-nuts-over-nuts-here-s-how-you-can-include-nuts-in-your-diet-2047257

，所以在饮食中吃些坚果不会错。要知道，坚果的热量通常很高。

将巴西坚果、核桃、澳洲坚果、虎子和杏仁作为零食食用。坚果酱是早餐和浇头的最佳选择。

姜

生姜具有很强的抗氧化性[14]，可以降低胆固醇水平，肌肉疼痛和酸痛，改善心脏病的危险因素。

本书中的各种食谱都使用生姜作为原料。你也可以把它加入到你的冰沙中。

可可或黑巧克力

可可含有大量的锌、镁和抗氧化剂，是睾丸激素水平的最佳助推器。巧克力的主要成分可以抑制皮质醇的产生，有助于促进睾丸激素的产生。如果你不喜欢可可，可以选择85%以上的黑巧克力，但要注意这种零食的热量很高。

黑巧克力是一种很好的零食，可可粉可以和植物性牛奶混合，制成巧克力牛奶。

---

[14]https://www.healthline.com/nutrition/11-proven-benefits-of-ginger#section11

蓝莓

蓝莓中含有抗氧化剂，还能够提升睾丸激素。白藜芦醇是这些浆果中的一种成分，能够降低雌激素的产生。

菠菜

菠菜中含有丰富的镁。这种矿物质与锌的搭配是提升睾丸激素水平的绝佳组合。

本书中的各种食谱都使用菠菜作为原料。你也可以将它融入你的绿色冰沙或沙拉中。

西兰花

西兰花中的吲哚可以阻碍雌激素的产生，有利于睾丸激素水平的提高。

西兰花在这本书中的各种食谱中都有。你也可以把它作为餐点或沙拉的配料。

洋葱

洋葱可以提高体内黄体素的含量，从而调节睾丸激素的产生[15]。大鼠精子的产生也受到积极的刺激。

洋葱是各种菜品的主要原料。

欧芹

欧芹有助于激活睾丸中产生睾酮的受体。在大鼠中的研究指出，欧芹中发现的化合物有助于激活受体，负责模拟蛋白质DAX-1，然后激活StAR蛋白。在大鼠中的研究发现，这种蛋白质将胆固醇转化为睾丸酮 [16]。

欧芹是沙拉的上品，也可以作为冰沙的原料。

酸菜

酸菜对睾丸激素的产生很有帮助，这要归功于它的益生菌，它能提高睾丸激素水平。在老鼠身上进行的研究指出，它们的精子生产和睾丸激素水平得到了改善。其他有利于肠道菌群正常生长、影响荷尔

---

[15]https://www.ncbi.nlm.nih.gov/pubmed/19384830

[16]https://www.ncbi.nlm.nih.gov/pubmed/12865315

蒙[17]和免疫系统的成分包括泡菜、昆布、味噌、豆豉和其他发酵蔬菜。

酸菜在家里很容易做，是一种含有益生菌的饮料，几乎每餐都会搭配。

---

[17]https://www.ncbi.nlm.nih.gov/pmc/articles/PMC3904694/

睾丸激素提升技巧

增加你的睾丸激素水平可以帮助你迅速获得肌肉质量。这种激素在健康和性福方面也起着重要作用。

以下是一些基于证据的提示，以提高你的自然睾丸激素水平。

锻炼和举重

经常运动可以提高睾丸激素水平，进而有助于促进肥胖男性减肥。举重是短期和长期提升t水平的最有效方法之一。HIIT也很有效。

均衡饮食

包括适当数量的卡路里，蛋白质，碳水化合物和脂肪的饮食将帮助你优化你的睾丸激素水平。富含全食物的饮食将提供你所需要的一切，从长远来看，对你的激素水平是有益的。

最大限度地减少压力和皮质醇水平。

睾酮的最大敌人之一是皮质醇。通过减少生活中的压力情况，你的睾丸激素水平将受益。冥想和放松可以帮助你。正如前一章所指出的，各种食物也有降低皮质醇的作用。

晒足太阳（或补充维生素D）。

经常晒太阳，或者补充维生素D对你的睾丸激素水平有好处。一项为期12个月的研究发现，补充维生素D可以使t水平提高25%左右。如果你没有得到足够的阳光（一段时间），补充这种维生素是个聪明的主意。

保持充足的睡眠质量

睡眠与均衡饮食和运动一样重要。你的睡眠量对你的睾丸激素水平有很大的影响，没有得到足够的睡眠可以降低15%的t水平。一晚7-10小时的睡眠被认为对你的睾丸激素和长期健康是最好的。

生活方式

最后但同样重要的是，健康的生活方式是优化激素水平的关键。健康的性生活对身体调节睾丸激素水平很重要。避免接触酒精、毒品和香烟也是个好主意。生活中的欢笑、快乐和成功会促进你的健康和

睾丸激素水平，所以一定要过上有意义的幸福生活
。

https://www.healthline.com/nutrition/8-ways-to-boost-testosterone#section8

主食的浸泡方法和烹饪方法

一些以植物为基础的全食物在各种食谱中屡屡出现，一年四季都可以在储藏室里找到。这些食材是理想的基础，它们为你的膳食增加了质感、风味、纤维、复合碳水化合物和蛋白质。这些主食中包括豆类、谷物、坚果和种子。这些都含有植酸，植酸是一种存在于植物种子中的天然物质，可以保护种子不受虫害或过早发芽。然而，当人们摄入植酸时，会影响钙、镁、铜、锌和铁等重要微量营养素的吸收。

为了减少这些食物中的植酸，可以采用浸泡、发芽和/或烹饪的方法来提高其营养价值。有些食物的植酸盐含量特别高，在以植物为基础的全食物饮食中经常会大量食用。例如杏仁、芝麻、花生、黄豆、芸豆、菜豆和其他类型的豆类。**因此，减少含有大量植酸的食材中的植酸，对于避免严重营养不良和肠道健康受到破坏至关重要。**

解决这个问题的方法有很多种。一般来说，豆类和扁豆最好浸泡、发芽和/或煮熟，以去除植酸。坚果需要烘烤、发芽或浸泡。荞麦需要浸泡和煮熟。斯佩尔特小麦或燕麦等谷物最好煮较长时间以去除植酸。有时，发酵是改变质地和去除大部分植酸的首选方法。大豆制品和鹰嘴豆豉就是这样的发酵产品的好例子，但本书不会去讨论这个过程的细节。

浸泡

浸泡（干）富含植酸的主食是绝对必要的，以保证营养的正常吸收和肠道的健康。本书中的大多数食谱都使用了生豆、扁豆和坚果，它们的价格非常实惠，储存效果好，而且都易于浸泡，以有效降低其天然的植酸含量。浸泡的另一种流行而有效的方法是发芽。下面将对这两种方法进行说明。

1.浸泡一夜

把豆子、扁豆和豆类放在装满水的锅里过夜，也就是至少8小时，是最有效的浸泡方法。每磅干豆或豆类大约用10杯水（大约2杯），浸泡过夜后丢掉多余的水。不同种类的推荐浸泡时间如下图所示。

2.热浸泡

更快的浸泡方法是装满一个足够大的锅，既能装下豆子、扁豆或豆类，也能装下水。每磅（约2杯）干豆子或豆类大约用10杯水。加热锅子，将水煮沸。一旦水达到沸点，立即转小火，让水软化几分钟。继续盖上锅盖，离火，让豆子静置1至4小时。热泡后弃去多余的水。

漂洗

使用隔夜或热浸法后，把锅里残留的所有多余的水去掉，用新鲜的凉水冲洗豆类或豆类一两次。这样可以洗掉剩余的不易消化的糖分和植酸。这样做之后，经过浸泡和冲洗的豆子或豆类就可以煮了。

沸腾

要煮豆子和豆类，在一个足够大的锅里装满水，以容纳浸泡的豆子或豆类。确保用过量的水覆盖豆子或豆类，水量至少要有1英寸。部分盖上锅盖，将锅放在中火上，直到水沸腾。以软沸为目标，必要时可降低火力。

需要注意的是，无论是干的还是罐头的大黄豆、白芸豆、红豆都需要煮沸至少几分钟，以去除这些豆子中天然存在的毒物。

将豆子或豆类煮至软烂。烹调时间因烹调的豆子或豆类种类而异，如下图所示。煮熟后，一定要沥干多余的水。煮熟的豆子或豆类现在就可以食用了，可以放入食谱中，也可以储存起来。在将豆类或豆类转移到储存容器中之前，一定要确保豆类或豆类已经冷却，并加入一些酸性成分，如柠檬汁、醋或酒，以防止熟豆类或豆类在储存过程中变软。

每颗豆子或豆类的浸泡和烹饪时间。

本表中的建议时间为近似值。

名称(1杯)	浸泡时间	烹饪时间	产量（煮熟，以杯为单位）
芸豆	4小时	45-55分钟	3
阿纳萨兹豆	4-8小时	60分钟	2 ¼
黑豆	4小时	60-90分钟	2 ¼
黑眼豆	-	60分钟	2
大豆	8-12小时	60分钟	2
蚕豆	8-12小时	40-50分钟	1 ⅔
鹰嘴豆	6-8小时	1-3小时	2
大北豆	8-12小时	1-1/2小时	2 ⅔
青豌豆	-	45分钟	2
黄豆	-	60-90分钟	2
青豆，整颗	8-12小时	1-2小时	2
芸豆	6-8小时	60分钟	2 ¼
小扁豆，棕色	8-12小时	45-60分钟	2 ¼

小扁豆，绿色	8-12小时	30-45分钟	2
小扁豆，红色或黄色	8-12小时	20-30分钟	2至2.5
利马豆(大)	8-12小时	45-60分钟	2
利马豆(小)	8-12小时	50-60分钟	3
绿豆	-	60分钟	2
海军豆	6-8小时	45-60分钟	2 ⅔
粉红豆	4-8小时	50-60分钟	2 ¾
菠菜豆	6-8小时	1 ½	2 ⅔
大豆	8-12小时	1-2小时	3
特帕里豆	8-12小时	90分钟	3

高压锅可以减少煮豆子和豆类的时间。一个15磅重的高压锅可以将煮豆子或豆类的速度提高6倍。换句话说，通常需要1小时的时间，只需要10分钟。如果想加快锅内烹调时间，在隔夜浸泡期间加入昆布海藻，可以将豆类的烹调时间缩短一半。

如果你不确定某样东西是否可以食用，可以用豆类或豆制品来测试。搅拌均匀，从锅里取出几颗煮熟的豆子，让豆子冷却后，把它们放在舌头和嘴顶之间。用舌头施压。如果豆子很容易"吱吱"作响，那么就可以食用了，可以用在菜谱中，也可以在冷却后储存起来。

稻米

大米是一种非常受欢迎的营养主食，它的种类很多。每种米都需要稍微不同的制作方法。例如，糙米比白米需要更多的水和更长的烹调时间。米饭可以用电饭煲、锅或蒸笼来准备。传统的锅煮法将在下面详细说明。

稻米的种类；

- 长粒米--松软、不粘米粒（巴斯马蒂、茉莉花和红货）。
-
-

煮饭前要将长粒和中粒的米饭冲洗干净。这对于去除多余的淀粉是必要的。短粒米不需要冲洗，因为淀粉为使用这类谷物的菜肴提供了所需的粘性。

在锅里煮饭

长粒米。

1. 用杯子量好米，并将米放平。
2. 用冷水将大米放入滤网中冲洗，直到多余的水变清。
3. 可选：将大米浸泡至多30分钟。这样做可以缩短烹饪时间。
4. 将泡好的大米倒入锅中，每杯干米加两杯水。
5. 可选：加入少许盐、油，以及其他自己喜欢的调味料。
6. 把锅放在中火上，把水烧开。
7. 把锅盖盖上，小心翼翼地摇动，使米饭均匀分布。
8. 盖上锅盖煮饭10分钟，必要时用木勺搅拌。
9. 待水全部吸收后，关火，揭开锅盖，用茶巾盖住锅盖。

10. 在食用或在食谱中使用之前，将米饭放在一边冷
    却。

中粒米。

1. 用杯子量好米，并将米放平。

2. 用冷水将大米放入滤网中冲洗，去除米粒、灰尘
   和淀粉。

3. 将大米放入锅中，每杯（糙米）加两杯水。

4. 可选：加一点橄榄油。这样可以改善糙米的口感
   。

5. 把锅放在中火上，水烧开后，降到中小火，盖上
   锅盖，让米饭煮45分钟左右。

6. 检查米饭的情况。大部分的水应该都被吸收了，
   锅里留一点水就可以了。必要时沥去多余的水。

7. 煮好后，将米饭盖上锅盖静置10分钟左右。

8. 用叉子把米饭弄得松软，然后放在一边，以便食
   用或将其纳入食谱中。

短粒米。

1. 用杯子量好米，并将米放平。

2. 用少量的冷水将大米清洗干净，去除表面的灰尘
   。

3. 在锅里装上与用米量相等的水。

4. 将大米浸泡至少15分钟，最长不超过3小时。

5. 盖上锅盖，放在中火上，将水烧开。

6. 水烧开后，转为中小火。

7. 将水煮15分钟左右，不要揭开盖子。

8. 当所有的水被吸收后关火，让米饭盖上盖子静置 10到20分钟。

9. 揭开盖子，将米饭放在一边，以便食用或其他配方。

稻米种类	大约所需水量
白色，长粒	每1杯米含1¾-2杯。
白色，中等颗粒	每1杯米1.5杯
白色，短粒	每1杯米1/4杯
棕色，长粒	每1杯米2¼杯
棕色，中等颗粒	每1杯米2杯

对于较干的大米（巴斯马蒂或茉莉花），用水量比上面显示的略少。

藜麦

藜麦的蛋白质含量比大米高，是一种常见的主食，在许多植物性食谱中味道惊人，如咖喱或沙拉。这种超级食物很容易烹饪，就像大米一样，有几种不同的品种。常见的例子是白色、红色和黑色。白藜麦具有中性味道，而红藜麦和黑藜麦则具有更独特的味道，经常被纳入沙拉中。不同种类的藜麦的制作方法大致相同。

藜麦的制作方法。

1. 用杯子量一下藜麦的量，把上面放平。
2. 藜麦用冷水彻底冲洗干净，沥干水分。
3. 将洗净的藜麦移入锅中，每杯藜麦加入两杯水。
4. 把锅放在中火上，盖上锅盖，把水烧开。
5. 偶尔用木勺搅拌一下藜麦。
6. 转为中小火，让藜麦盖上盖子焖15分钟。
7. 将锅子关火，让藜麦盖上盖子静置5到10分钟。
8. 取出盖子，将藜麦放在一边冷却。

谢谢你了

希望你能够在本书中找到答案，并顺利成为一名更好的植物性运动员。让按照书中的规定饮食，一个更好的自己就会开始出现。如果你有任何关于营养方案或锻炼计划的问题，你可以在我们专属的Facebook群里与越来越多的植物性运动员进行交流。

https://www.facebook.com/groups/PlantBasedAthletes

另外，如果您喜欢这本书，我们想请您帮个小忙。请您给本书留下一个诚实的评论好吗？未来的读者和HappyHealthyGreen的团队会非常感激！

您可以在这里向我们发送您的反馈。

您是否发现任何语法错误、混乱的解释或不准确的信息？请给我们发邮件吧!您可以通过info@happyhealthygreen.life 联系我们。

我们承诺，只要时间允许，我们会尽快给您回复。如果本书需要修改，我们将在修改后的电子书上市后免费寄给您。